読むだけで人生が変わる

ひとり<ruby>言<rt>こと</rt></ruby>セラピー

あな田さゆり
Sayuri Anada

かんき出版

はじめに

現実をつくるのは
「言っている言葉」ではなく《ひとり言》

夢や目標について考えたとき、「もしこれがかなったら」とワクワクすると同時に、「かなうはずない」という声が、自分の奥深いところから聞こえてきたことはありませんか?

頑張っているのにうまくいかない人と、自由で豊かな人生を送っている人の違いは、才能や運、努力の量にあるのではありません。普段何気なくしている自分との対話《ひとり言》の質にあります。
ひとり言を辞書で調べると、「会話の相手が存在しない言葉」とあります。あなたも「あのブツブツ言っているやつね」と、思い浮かべるかもしれません。けれど、この本で扱うひとり言は少し違います。

理性がはたらいて口にこそ出さないけれど、心の奥底でつぶやいている本音。図々しくて、幼稚で、ストレートな、誰にも聞かれたくない言葉。これこそがひとり言なのです。
私たちは目が覚めてから眠るまで、休む間もなくひとり言を発していて、その数は1日に5万語にものぼります。その5万語のうち、あなたはどれほどのひとり言を、自分を幸せにするために使えていますか?

ひとり言は国籍、人種、言語、宗教を超えて全人類に与えられた神様からのギフト。私は、そのギフトを使えば、誰でも今すぐ幸せになれると信じています。のべ1万人のお話を聞いてわかったのは、うまくいっていない人は、自分の足を引っぱるためにひとり言を使っているということ。これでは、自分の内側にせっせとスーパーサイヤ人並みの強敵が育ってしまいます。一方、人生がうまくいっている人は、ひとり言を使って自分の内側に《最強のパートナー》兼《優秀なセラピスト》を育てています。この違いが、頑張ってるのにうまくいかない人と、自由で豊かな人生を送っている人の違いなのです。

私がひとり言の重要性に気づき、ひとり言をどう使えば現実が変わるのかを研究し、それを「ひとり言セラピー」としてメソッド化したのは、約3年前になります。たった3年で、私の人生は大きく変わりました。おかげで今は、好きな人たちと好きな場所で好きなことをする自由なライフスタイルを手に入れました。変化は私だけでなく、ひとり言セラピーを伝えた方にも次々と起きました。仕事、お金、恋愛、人間関係、健康など人生のあらゆる分野でその変化は起きていて、3年でその数は1000を軽く超えました。

本当のあなたは、
何を感じていますか?

「ひとり言を変えるだけで、本当に人生が変わるの?」
「いやいや、無理でしょ」
「あなただからできたんじゃない!? 私の問題は複雑なの」
ここまで読んで、そんなひとり言が出てきた人がいるかもしれません。確かに、ひとり言を変えるだけで人生がうまくいくなら、こんなにかんたんで安上がりなことはありません。けれど、本を閉じる前に私の体験を聞いてほしいのです。

私がひとり言に注目したのは、人生史上最悪な時期。ジリ貧アラフォーの私は「このままではまずい。ただまずいのではなく、非常にまずい」と感じていました。専業主婦の身で離婚をした私は、子どものアトピーをきっかけに勉強していたセラピストの道で起業しま

したが、なかなかうまくいかず、仕事とお金の心配をする日々。一刻も早くそんな生活を抜け出したくて、本を読みあさったり、貯金をはたいて高額なセミナーに参加したりしていました。おかげで、夢をかなえる方法、幸運を引き寄せる方法、人間関係がよくなる方法など、幸せになるための知識をたくさん得ることができました。

当時の私は、どんなにつらくてもポジティブな発言をするようにしていました。なぜなら、幸せで豊かな人生を手に入れるためには、「物事をポジティブにとらえること」「感謝の気持ちを常に持つこと」が大切だと本やセミナーで学んだから。けれどそれらを必死で実践しても、現実はほとんど変わりません。むしろ日に日に心が苦しくなっていったのです。ポジティブな発言とは裏腹に、私のなかでこ

んなひとり言がぐるぐる巡っていました。

「こんなに頑張ってるのに、どうしてうまくいかないんだろう？」

私は数々の本やセミナーで「思考が現実化する」という考え方を学んでいました。

「それが本当なら、このジリ貧は私の思考が生み出しているはず。いったい私のなかにどんなジリ貧思考があるんだろう？」

ある日こんな疑問が浮かび、自分の頭のなかを観察するようになったのです。すると、びっくりするようなことがわかりました。

笑顔でポジティブな発言をしている私の内側の声といったら……。

「あの人ばかりズルイ」「私なんてどうせ」「人生こんなはずじゃなかった」と、とんでもなくネガティブ。さらに、あの手この手でなんとか他人を「自分の思いどおりに動かしたい」と考える、嫌なやつだったのです。

「私のひとり言、ジリ貧の人が言いそうなことばっかり！ ひとり言って自分のなかの思考の最小単位だから、それがその

まま現実になるんだ」

どんなに素晴らしいメソッドでも、自分の本心や本音を置きざりにしたままでは満足のいく結果が出せないことが、やっと理解できました。

「私の人生なのに〝私〟がいない」

そのときこう感じたことを、今でもはっきり覚えています。

それから私は、「こうなりたいならこうすべき」より「私は今、何を思っているんだろう？」「何を感じているんだろう？」「本当はどうしたいんだろう？」と、自分に問いかけ、取り繕うことのない、ありのままの自分の声を聞きはじめました。

聞こえてきたのは「嫌だーー」「何もしたくない」「私を見てー」などという、とてもお利口とはいえない声。ところがその声に耳をかたむけだしてから、人生がどんどん好転しはじめたのです。やりたいと思っていたことは次々と実現していくし、応援してくれる人も増えていく。あんなにうまくいかなかったのが、嘘のようでした。

真の安らぎを
与えてくれるもの

「私、もう二度と不幸になれません」

これは、ひとり言セラピーを受講した方の言葉です。

どんなに離れたくても、自分のひとり言と離れることはできません。肩書き、資格、収入、恋人、ナイスバディー……。それらを手に入れても、自分の内側の声と仲よくないまま、あなたの心が安らぎを覚えることはありません。あなたに真の安らぎをもたらしてくれるのは、一番身近で大切な人《自分自身》との温かい関係です。

この本でご紹介するのは、自分と上手に対話できるようになり、人生に変化を起こした人の物語です。家族、仕事、お金、自分、パートナー、健康と、さまざまなジャンルで悩んでいた人に訪れた幸せが描かれています。

どの物語も、ありふれた何気ない日常の一コマを切り取りました。なぜなら、人生をつくっているのは、普段気にも留めない自分との対話ですし、それまで何回も繰り返してきた《うまくいかないパターン》を抜け出すための大きなヒントも、そこにあるからです。

今からお話する22の物語には、それぞれの登場人物を変えるきっかけとなった「自分への問いかけ」やひとり言セラピーの考え方、法則が散りばめられています。物語の最後にある私のコメントにはひとり言セラピーの代表的な法則の解説を入れましたが、それがすべて

ではありません。どこにどの法則、どんな考え方が使われているか、楽しみながら読み進めてみてください。

ここで綴る22の物語は《あなたの物語》です。ぜひ、あなた自身や、あなたの大切な人を思い浮かべながら読んでください。私自身が世界中を旅しながら撮った写真からも、エネルギーを感じとっていただけたら幸いです。

あな田さゆり

＊物語は、実話を元に加筆修正しています。

読むだけで人生が変わる　ひとり言セラピー

CONTENTS

カバー・本文写真　　あな田 さゆり
8P写真　　　　　　　Mizuho life photography
カバーデザイン　　　井上 新八
本文デザイン・DTP　末元 朝子+高山 香弥乃+平本 祐子 (Power house)
本文イラスト　　　　村山 宇希 (ぽるか)
編集協力　　　　　　両角 晴香

「無理って誰が決めたの?」

結婚を前提に真剣につきあっている彼から「一緒に住もう」と言われました。けれど、交際を認めてくれていた父が、同棲となると猛反対。聞く耳すら持ってくれなくなりました。そんな父から目をそらし、結局彼と一緒に住むことを決めてしまったのです。

「部屋が決まったから、彼と暮らすね」
「そうか。もう、お前の帰る家はないぞ」
おそるおそる報告する私に返ってきた父の言葉は、想像以上に厳しいものでした。その日から、親子で話すことはおろか、目を合わすことすらなくなってしまいました。

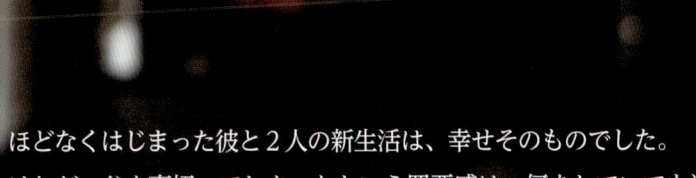

ほどなくはじまった彼と2人の新生活は、幸せそのものでした。
けれど、父を裏切ってしまったという罪悪感は、何をしていても消えません。
「このままじゃいけない。でも、どうしたらいいかわからない」
そんなときに、ひとり言セラピーに出会いました。

状況を話すと、セラピストはこう言いました。

「今の状況は脇に置いて、あなたは〝一番どうなったらいい〟と思ってるの?」

「……」

こんな単純な質問に、すぐに答えられませんでした。

セラピストは、さらに質問を続けます。

「今、自分のなかにどんなひとり言が出てきてる?」

「**〝お父さんと前みたいに話せるのが一番いいけど、無理〟〝だってお父さんが私を許してくれるはずない〟**っていうひとり言が出てきました」

「そう。で……無理って、誰が決めたの?」

そう言われ、「二度と元の関係に戻れない」と思い込んで決めつけていたのは、父ではなく、私自身だったことに気づきました。

その日、思い切って父にメールを送りました。

しばらく待ちましたが、返事はありません。けれど、私は諦めることができませんでした。父のことを忘れ、幸せなことだけに目を向けようとしても、心のどこかが満たされないということを知ってしまったからです。

「お父さんが私を許すかどうかを、私が決めることはできない。それはお父さんの領域だから。**でも、私が仲直りしたいと思うのは、私の領域。私がメールしたいからするだけ。それでいいじゃない**」

そう思うと、心がふっと軽くなるのを感じました。くじけそうにな

るたび、私はこのフレーズをつぶやき、父に連絡をとり続けました。

2カ月後、私のもとに1通のメールが届きました。
「マフラー、なかなか気に入ったぞ」
少し前に贈っていた誕生日プレゼントへの、父らしい返事でした。
「諦めなくてよかった」と思わず涙があふれました。

> 結果がどうであれ、とにかく自分の気がすむようにやってみて。相手の態度や言葉ばかり気にしているうちは、自分の人生は生きられません。人づきあいをしていれば、「拒絶されたらどうしよう」と不安になることだってあるけれど、相手の気持ちや言動を、あなたがコントロールすることはできません。起きていることや、相手の態度に目を向けるのではなく、自分の本当の願いに耳をかたむけて、それをかなえるために行動してください（Realityの法則／ 114P参照）。あなたを幸せにできるのは、あなたしかいないのだから。ちなみにこの後、彼がご両親のもとにあいさつに行き、晴れて2人の仲を認めてもらえたそうです。めでたしめでたし♪

2 子どもの幸せを願うなら

「私は、どんな存在でありたい?」

高校生の息子が赤点をとりました。それも、5教科。そのことを本人の口からではなく、学校からの電話で知らされ、ショックは倍増。「真面目だった息子に、悪い友だちができたのかな。それとも、いじめ?」息子が帰宅するまで、落ち着かずにいろいろなことを考えてしまいます。ようやく帰ってきた息子に理由を聞こうにも、私の顔すら見ず、部屋にこもってしまいました。

「先生から電話きたわよ。赤点とったんだって？ 一体どうしたの」
ドア越しに話しかけても、息子の返事はありません。
「話もできないの！ いい？　ゲームもテレビも携帯も禁止！ 放課後
はまっすぐ帰ってきて勉強すること！ わかった？」
私は、たまらず怒鳴りつけました。

私は、息子が反省して勉強に励んでくれることを期待したのですが、反省どころか、それ以来あからさまに反抗的な態度をとるようになりました。話しかけても無視。帰宅時間は遅くなり、ほとんど部屋から出てきません。夫や先生に相談したり、教育関係の本も読みましたが、それぞれ意見が違って、私はどんどん混乱していきました。

「このままでは息子がダメになる。早くなんとかしなくては」
焦った私は、前から気になっていたひとり言セラピーの講座を受けることにしました。
講座の途中で、こんなふうに自分に問いかける場面がありました。
「大切な人にとって、どんな存在でありたいですか？」

すぐに息子の顔が浮かびました。

「私は、あの子にとってどんな存在でありたい?」

目を閉じ、自分に問いかけると、こう返ってきました。
「何かあったときに、隠さず相談してもらえる存在でありたい」
続いて問いかけました。
「あの子から相談してもらえる存在になるためには、何が必要？」

『信頼すること。あの子は大丈夫。だって、私の息子なんだから』

この言葉が自分のなかから出てきたとき、心と体が温かくなるのを感じました。同時に、今まで息子のことを信頼していなかったことと、〝息子らしさ〟より世間体を気にして、いい息子でいてほしいと思っていたことにも気づきました。そこで「息子のことを信頼して、息子の本当の幸せを願う私なら、こんなときどうする？」とさらに問いかけ、息子にその答えをそのまま伝えました。

「あんたのことは、あんたに任せた。自分の信じるようにやりなさい。でも、お母さんはいつだってあなたの味方。それだけ覚えといて」

そして、いつものように「おはよう」「いってらっしゃい」と声をかけ、お弁当をつくり続けたのです。

しばらく経ったある日、息子が私に話しかけてきました。

「俺だって勉強がムダじゃないことくらいわかってる。でも、部活や友だちとの時間も大切なんだ。将来のこともちゃんと考えてるから、とやかく言わず見ていてほしい」

「わかった。気持ちを伝えてくれて、ありがとう」

私は、そう答えました。

そして息子は、次のテストでは、全教科平均点超え。友だちや部活のことも、以前より話してくれるようになりました。

「あなたのためを思って」という正しさは、人間関係を悪くします。とくに親子の場合、親が子どもの問題を解決しようとするほどこじれます。子どもは大人の本心を敏感に感じとるので、心配されると「自分は心配されるようなダメな人間なんだ」と思うし、場合によっては「あなたのため」と言われるたび親のエゴを感じてしまい、「本当は自分のためじゃないの?」と不信感を強めます。心配の根っこには心配の実が、信頼の根っこには信頼の実がなるのが、この世界の法則（Inside Outの法則／ 112P参照）です。うまくいっているときに信じるのは誰でもできます。大切なのは、うまくいっていないときに信じられるかどうか。大丈夫。心から信じてくれる人が一人いれば、人は必ず前を向きます。

EPISODE 3　ダメ嫁に訪れた幸せ

「その人は、あなたを
　いじめるために来ているの?」

育児休暇を終え、職場復帰して約半年。仕事から帰宅すると、すぐご飯。子どもに夕飯を食べさせお風呂に入れてと、いつもヘトヘトになります。にもかかわらず夕方の一番忙しい時間帯に、義理の両親が連絡もなしにやってきます。無下にすることもできないため、本当にストレスがたまってしまいます。

「げっ!! また来た」

夕飯時のピンポーンというチャイムに、私はいつも泣きたくなります。うちの夫の両親はヨネスケもびっくりの突撃訪問で、なんの前ぶれもなく突然押しかけてくるんです。

「お姑さんたちのご飯はないし、部屋は散らかり放題だし、もういい加減にしてほしい! 作り笑顔で対応するのも、もう限界!」

そう思っていた頃、ひとり言セラピーに出会い、私は自分が〝被害妄想の達人〟であることを知ったのです。

「こんなに頑張ってるのに、どうして誰もわかってくれないの!　誰か助けて…」

これが、私のひとり言の定番でした。

そのことをセラピストに言うと、こう聞かれました。

「お姑さんたちは、
あなたをいじめるために来ているの？」

そのとき、「前もって連絡してから来てほしい」と伝えたときの姑の言葉を思い出しました。姑は、「前もって連絡すると、気を使っていろいろ用意しちゃうでしょ。だから今のままでいいの。それよりあなた、ちゃんと寝てるの？ 仕事して、家事して、子育てもして。そんなこと続けてたら、パンクしちゃうでしょ？ 家族なんだから手伝わせてちょうだい」とニコニコしながら言ったのです。

そのことを話すと、セラピストは言いました。

「それは、あなたを助けに来てくれているのとは違うの？　あなたの『助けて』という願いは、もうかなってるんじゃないの？」

「突撃訪問は、おかあさんたちの愛のヘルプだったってこと!?　私がいい嫁でいることは、最初から誰も求めてなかったってこと!?」

そう気づけて、ほっとするやら、泣きそうになるやら。そしてこのとき、私は〝いい嫁〟になることを諦める覚悟を決めました。

「素直に甘えてみようかな」

そう思ったら……夕飯をつくってもらう。掃除機をかけてもらう。お風呂を洗ってもらう。子どもと遊んでもらう。どんなお願いでも、実の親と同じくらい気を使わずできるようになって、夕方の時間が楽になりました。

夫の両親の突撃訪問っぷりは、以前と何も変わっていません。私がいい嫁を演じようとするのをやめただけ。おかげで被害妄想の達人を卒業して、めでたく〝愛されダメ嫁〟としてかわいがられる日々を送っています。

被害妄想の達人は、実はたくさんいます。この人たちは「気をつけろ！あいつは敵だ！」という〝敵メガネ〟をかけているので、まわりが手を差し伸べても、それを振り払って勝手に孤独になっていきます。長年かけていた〝敵メガネ〟を外すのは、ちょっと勇気がいるものです。だけど、あなたがメガネを外すだけで、世界は一瞬で変わります。目は内側を映し出す器官、耳は内側の音を流すスピーカー的な器官だということを忘れないでください（Inside Outの法則）。真実の世界は、あなたが思う以上に甘くて優しいですよ♪

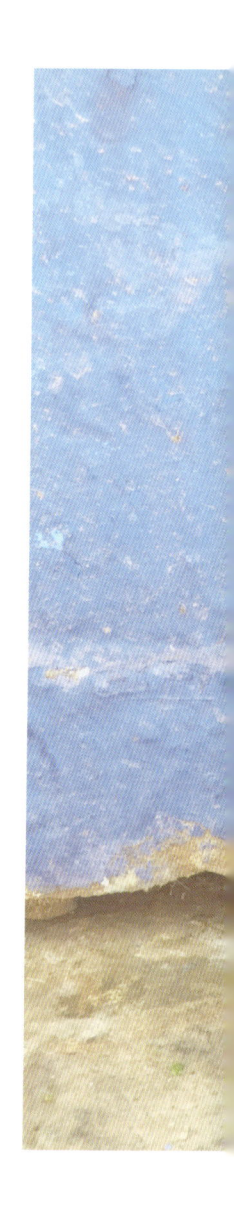

あなたへの Message

人には

「あなたならできるよ！」って

思えるし、言えるくせに、

自分には言えない。

自分の一番の批判者は、自分。

「やりたいことが見つかって しまったら、困ることはない?」

やりたいことを見つけて仕事にしたいと思い、数々の資格や習いごとにチャレンジしてきました。英会話、心理学、アロマ、料理、ヨガ……そんな〝自分探し〟に、どれほどお金と時間をかけてきたことでしょう。しかし、どれも中途半端で、仕事にはつながりませんでした。

今の生活にすごく不満があるかというと、そうでもありません。
でも漠然と「このままでいいのかな」という不安があり、やりたいこ
とに邁進している人を見るたびに、焦りを覚えていました。
そんなときにひとり言セラピーに出会い、自分のひとり言と向き合
うようになったのです。

「やりたいことが見つかってしまったら、 困ることはない？

やりたいことが〝見つからないメリット〟を考えてくれる？」

セラピストからそう言われたときは「見つからないことのメリット
なんて、あるわけないじゃん」と思っていました。けれど、自分の内
側に耳をかたむけてみると、こんな声が存在していたのです。

「やりたいことが見つかったら……。今の生活を変えなくてはいけない。会社を辞めなきゃいけなくなるから、安定した収入がなくなる。それに、やりたいことが見つかってしまったら、本気で打ち込まなければいけなくなる。もし本気でやってダメだったら、私はどうなってしまうの？　ダメだったときのために、**逃げ道を残しておきたい。責任を取りたくない。失敗して、人に笑われるのも嫌。かっこ悪い姿を、誰にも見せたくない**」

「変わりたい」と口にしながら、「変わりたくない」と思っていた私。こんなところにブレーキがあったとは、気づきませんでした。どうりで現実が動かないはずです。

「失敗したくない私」「笑われたくない私」の声が自分のなかにあることに気づいた私は、こう自分に声をかけるようになりました。
「かっこ悪くてもいい。笑われたってかまわない。人目を気にしてやりたいことをやらない人生より、そっちのほうがいい」

今、私はセラピストの資格を取り、それを仕事にしています。今でも人目が気になることはありますが、それによってやりたいことをやめることはなくなりました。

「願いをかなえないでいるメリットなんてあるわけない」（Neutralの法則／ 120P
参照）と思っている人ほど、取り組んでみる価値のある問いかけです。この問い
かけによって、どれほどの人が〝人生のぬかるみ〞から解放されたことか。「変
わりたい」と思って資格取得に執着したり、セミナージプシーになっている人は、
〝変わらないことのメリット〞を問いかけない限り、ずっと同じことを繰り返します
（変わることが目的でなく、好きだからやってる場合は、続けてくださいね）。
答えはなかにあるのに、外に探しに行くから、いつまでも見つからないの。目を
閉じて、自分の内側の小さな声を聞いてあげてね。

EPISODE **5** 嫌な上司がいる理由

「うまくいかないとき、
　自分になんて声をかけてる?」

入社して7年。終電まで残業し、休日出勤も当たり前というハードな毎日を送っていました。しかし上司とそりが合わず、頑張りが評価されることはありませんでした。そんななか、ストレスから神経性胃腸炎を患い、入院を余儀なくされました。

ストレスで胃に穴があくなんて。僕の頭は「上司のせいでこうなった」という恨みでいっぱいになりました。

悶々とした闘病生活を送り、退院後なんとか職場に復帰しましたが、上司との関係は何も変わりませんでした。

ところがひとり言セラピーで「他人との人間関係は、自分との人間関係の投影」だと知り、僕の人生は少しずつ温かさを取り戻しはじめたのです。

「もしかすると、どの上司とも関係が悪くなってしまうのは、上司ではなく、自分に原因があるから？」

上司を恨んでいた僕にとって、それは認めたくない事実でした。

けれど、この先の長い会社員生活を考え、自分が自分にかけている言葉に耳をかたむけることにしたのです。

「うまくいかないとき、
自分になんて声をかけてる？」

僕は、うまくできないことがあると、

「なにやってるんだ！ こんなこともできないのか」

と自分を責めていました。同期が先に昇進するのを聞いたときには、

「ほらやっぱり、お前はダメなやつなんだ」

誰にも言われたことがないようなひどい言葉を、自分にぶつけ、プレッシャーをかけていたのです。

無意識に聞き流していたひとり言に耳をかたむけて、「他人との人間関係は、自分との人間関係の投影である」ことが理解できました。
上司と同じ、いえ、上司以上に辛辣に自分をいじめていたのは、僕自身だったのです。

これを機に、ひとり言で自分をいじめるのをやめようと思いました。けれど長年の習慣となった自分いじめのひとり言をやめるのは、かんたんではありません。そこで考えついたのが、自分が言ってほしい言葉を録音して、通勤時間に聞くという方法です。

「ありがとう」「頼りにしているよ」「よく頑張ってるね」

最初は、自分の声でこんなセリフを聞くことに違和感がありました。でも、繰り返し聞いているうちに、普段の生活で自然とこんな言葉を発せられるようになってきたのです。そうして自分のことを認めたとたん、他人の言葉が違って聞こえるから不思議です。
以前は「大丈夫？」と聞かれると「ちゃんと仕事しているかチェックされた」と思っていましたし、「あの案件、どうなってる？」と聞かれると「まだできてないのか？」と責められていると感じていました。
今は違います。言葉どおりに受け取れるようになりました。
上司の言葉や態度は変わっていないのに、僕の前から僕を責める上司はいなくなったのです。

そんなときに思い出したのが、入院するときに上司にもらった手紙でした。実は、怖くて開封できないままだったのです。
「この休養は神様がくれた君への贈りものだ。まだまだ伸び盛りの君は、退院したらいくらでも仕事に打ち込める。だから何も心配せず、

今はゆっくり体を休ませてあげなさい」

綴られていたのは、僕を気づかう温かいメッセージ。

人の優しさに気づける自分になれて、本当によかったです。

「あなたは、自分のひとり言と親友になりたい？　結婚したい？」と聞くと、ほとんどの人が NO と言います。誰だって、ひどいことを言ってくる人と一緒にいたくないですもんね（ナリッシュワードとキラーワード／108 Ｐ参照）。私たちは、まわりの人と仲よくするためにはとても気を使いますが、自分と仲よくすることにはまるで無頓着。その結果、人に合わせるだけの、自分が嫌いで自信のない人間ができあがります。誰が何と言おうと、あなただけは自分の味方でいてあげてください。これさえできれば、何が起ころうと大丈夫な人生になります。そして、気づけばまわりも味方でいっぱいに（Inside Out の法則）♪

EPISODE 6　頑張り屋さんの落とし穴

「当たり前だと思っていたけど、
　すでにできていることは何？」

私は、誰もが名前を知るような大手企業で働いています。同期のなかでも昇進が早く、花形の部署でキャリアを積んできましたが、今は育児のために、しかたなく短時間勤務をしています。やりたかったプロジェクトから外され、ただ頼まれた仕事をこなす日々に嫌気がさして、こっそりと転職先を探しはじめていました。

夕方4時をまわると、保育園のお迎えの時間。

オフィスをあとにするとき、仕事を切り上げなければならない不完全燃焼感と、毎日残業をしている他のメンバーへの申し訳ない気持ちで、胸がザワザワします。

一方、家庭ではというと、猛ダッシュでお迎えに行って、買いものをして、夕飯をつくって、洗濯ものをたたんで、子どもをお風呂に入れて……と、山のような家事をこなすことで頭がいっぱいです。

「ママ、あのね〜、今日ね」と話しかけてくる子どもにも生返事で、「片づけなさい」「早く食べなさい」とツンケンしてしまいます。

主人との会話も減り、事務的な言葉を交わすだけの毎日。

「入りたい会社に入社してやりたい仕事ができて、好きな人と結婚して子どもまで授かったのに……。**私、今、幸せじゃない。人生こんなはずじゃなかった。どうしてこうなっちゃったんだろう？**」

ひとり言セラピーと出会う前の私は、そう感じていました。

「当たり前だと思っていたけど、
すでにできていることは何？」

セラピストの問いかけに、私は自分ができていることを一つひとつ
数えてみることにしました。

「遅刻しない」「短い時間だけど全力で働いている」「任された仕事は最後までやる」（あれ？ 私、いい社員かも）
「手抜きだけどご飯をつくっている」「掃除もたまにしている」「夫のビールのストックを把握して切らさないようにしている」（あれ？ それなりに主婦してるかも）
「毎晩寝る前には子どもに絵本を読む」「休みの日は公園で一緒に遊ぶ」「病気のときは仕事を休んで看病する」（あれ？ けっこう、いいママしてるかも）

何だか胸のあたりがジーンとしてきました。
「けっこうイイじゃん、私の生き方」

さらに、「当たり前だと思っていたけど、すでに持っているものは？」と問いかけてみると……、「毎月決まった日にお給料がもらえる」「時短勤務を受け入れてくれる仲間がいる」「子どもが病気のときに何も言わず休ませてくれる」（いい会社じゃん）

そういえば夫は、一度も「仕事を辞めろ」とか「家事をちゃんとやれ」と言ったことがありません。（めっちゃ優しいじゃん）
子どもも同じでした。朝、保育園で「ママ、おしごとがんばってね」と言って私を送り出してくれますし、迎えに行ったときはとびきりの笑顔で走り寄ってきてくれます。（やだ、泣けてきた〜）

足りているところを数えていっただけなのに、今ある幸せに、自然と感謝できるようになりました。

欲しいものをある程度手に入れたのに幸せじゃないと思う人は、「まだまだ」「もっともっと」というひとり言を使って《すでに持っている、ありがたいもの》を見えなくしています。できない自分は責めるくせに、頑張った自分は当たり前。ないとブーブー言うくせに、持っているものには感謝もしない。これでは、何を手に入れても、心が満たされませんよね。Enoughの法則（116P参照）を使って、できていることや持っているものを数えてみると「幸せはなるものでなく、気づくもの」という考えが腑に落ちていくと思います。向上心の高い頑張り屋さんほどこの落とし穴に陥っているので、やってみてね♪

EPISODE **7** 恋している相手

「あなたが結婚しているのは誰?」

上司を尊敬できず、嫌悪感すら抱きます。高い給料をもらっているのに、平社員以下の仕事しかしない上司を軽蔑してしまうし、はっきり言って目ざわりです。仕事中はもちろん、家に帰っても、家族と過ごしているときも、上司のことを思い出してイライラしてしまいます。「もうこれ以上は無理。会社を辞めたくてたまらない」と、ひとり言セラピーのセラピストに相談しに行きました。

「どうして会社を辞めたいと思ったの?」

「仕事の内容には不満はありません。**だけど上司がバカで、自分は仕事ができないくせに、私のやることにはケチをつけてくるんです。**このままじゃストレスで病気になってしまいそうで」

「それは大変。Aさんは会社で何時間ぐらい過ごしていますか?」

「平日は1日9時間ぐらいです。土日はお休みです」

「その上司と接しているのは、時間にするとどれくらいでしょう?」

「毎日顔は合わせますが、直接話すのは1日30分もないと思います」

「では1週間で2.5時間ですね。ところで、1週間は何時間あるか知っていますか?」

「えっと…24時間×7で168時間かな」

「数字だけ見ると、168のうち2.5は多いですか? 少ないですか?」

「へー、意外と少ないものですね」

「Aさんは、上司のことがなかったら、今の仕事を辞めますか?」

「いえ、辞めません。仕事は好きですし、条件もいいので。本当は辞めたくありません」

「本当は辞めたくないんですね。わかりました。それで、Aさんはそのバカ上司のことを1日のうちどれくらい考えているんですか?」

「最近は、ずっとです。朝起きるとすぐ上司のこと考えて憂鬱になるし、夜ベッドに入っても考えています。」

「お休みの日は？」

「考えてます。前は主人とよく出かけていたんですが、最近は疲れてそんな気にもなれなくて」

「そうですか。ところでご主人は、どんな方なんですか？」

「とても優しい人で、私のことを大事にしてくれています。一緒にいると安心できます」

「素敵な方なんでしょうね。それで、

優しいご主人と例のバカ上司、
Ａさんは、どちらの男性と
結婚していると思いますか？」

「えっ、主人ですけど」

「法律上はそうですね。でも、Ａさんの頭のなかや時間、そう、人生を占めている人は誰かを、よ～く考えてください。認めたくないでしょうが、今あなたの人生がそのバカ上司に乗っ取られているのがわかりますか？ 寝ても覚めても頭は彼のことでいっぱいで、他のことは上の空。せっかく手に入れた仕事まで上司のために手放そうとしている。まるで運命の相手と恋に落ちた乙女のようじゃないですか？」

「あのバカ上司と私が、結婚してるってことですか？ えー！ 考えたくもない！ 嫌です。**私、主人とちゃんと結婚して、自分の人生を生きたいです！**」

結局、Aさんは退職しませんでした。今では上司をうまくスルーできるようになり、仕事もプライベートも充実した生活を送っています。こんな笑い話のようなことが、実は多くの人に起きています。好きな人や好きなことより、嫌な人や嫌なことを考えるのに忙しいなんて、もったいないと思いませんか？　普段どんなことを考えているのか、自分のひとり言をノートに書いて見える化してみると、不要なものが見つかります。それらを手放し、ときめくものでいっぱいにしていくと、現実もときめいていきますよ（Inside Outの法則）。大ブームになった近藤麻理恵さんの『人生がときめく片づけの魔法』（サンマーク出版）のように、頭のなかのときめきお片づけ、はじめてみてください♪

あなたへの Message

2番や3番じゃなくて
自分が一番好きなものを求めてますか？

「何でもいいよ」
「任せるよ」
「ま、いっか」

これらの言葉は
確かに他人と一緒に生きていくために
便利のいい言葉だけれど

これに慣れすぎると
自分の心の声が聞こえなくなっちゃうよ。

「本当はどうしたいの?」
最初はよくわからなくてもいいから
ちゃんと自分の心の声、聞いてあげてね。

EPISODE **8** 30万円稼げたら

「その結果、望んでいたものは、
手に入りましたか?」

幼い頃に父を亡くし、母に女手一つで育ててもらいました。子どもながらに家計が苦しいことはわかっていたので、進学も遊びも我慢して、わがままを言わないようにしてきました。そのせいか、20代で結婚し、ママになっても、子どもに不自由な思いをさせたくない一心でバイトを掛け持ち、お金の心配ばかりしていました。

「もっと稼げるようになりたいんです」

ひとり言セラピーのセラピストに、そう相談を持ちかけました。

「稼げるようになりたいって、いくら稼げたら満足できるの？」

「月30万円は稼ぎたいです」

「Kさんは、月30万円稼げたら、何が得られると思ってるの？」

「安心して暮らせます。夫や子どもに好きなことをさせてあげられるし、私も自分がやりたいこと、たとえば資格を取るための勉強も自由にできるようになります」

「なるほど。Kさんは家族に、お金の心配をせずに好きなことをしてほしいのね。好きなことができたら、何が得られると思うの？」

「笑顔です。家族みんなの笑顔」

「Kさんは、ご家族の笑顔が欲しいのね。ところで、Kさんのご家族はみんな、好きなことを我慢しているの？」

「我慢…ですか。そう言われてみると、我慢はしていません。お金の心配はするけれど、結局みんなやりたいことはやっていますね」

「ご主人もお金の心配をされているの？」

「いいえ。主人は、結構高価なものも平気で買ってくるんです」

「では、お金の心配をしているのは、Kさんだけ？」

「はい」

「お金がなくなったことは？ 貯金がゼロになったとか、ローンや学費が支払えなくなったとか」

「えっ！ そう言われてみると（笑）、それはありません。なくなってないですね」

「Kさんがお金の心配をして、何かいいことありました？」

「バイトの掛け持ちをしたときは、30万円稼げました」

「それはよく頑張りましたね。それで、

望んでいた〝安心〟は、手に入りましたか？」

「それが…。突然、原因不明の難聴になってしまって。通院や薬代で出費もかさみましたし、仕事も休まなくてはいけなくなって、精神的につらかったです。家族にも心配をかけました」

「じゃあ、30万円稼いでも、Kさんが望む〝安心〟や〝家族の笑顔〟は手に入らなかったのね。それでも、やっぱり30万円稼ぎたい？」

「お金は欲しいですけど、それで病気になるのは嫌です」

「もしお金が十分にあっても働きますか？」

「いえ。家にいるのが好きなので、働かないかも。少なくとも今の仕事はしないです」

「ご家族はKさんにどんなふうに生きてほしいと願っていると思いますか？」

「やりたいことをしてほしい。あとは健康で、笑顔でいてほしいと願ってくれているんじゃないでしょうか…。あれ？ 私が30万円稼ぐかどうかなんて、誰も望んでないですね（笑）」

「そうみたいですね（笑）それよりKさんが笑顔になれることを見つけてみませんか？ 家族の笑顔が見たいなら、まずあなたが笑顔でないとね」

「そのとおりですね。何を一人で頑張ってたんだろう…。**稼げない私でOK**。それより、元気で、笑顔でいるほうが大切ですね」

この対話からわかったことは4つあります（Realityの法則）。
① Kさんの心配とは関係なく、すでに家族は好きなことをやっていた
② Kさんの心配とは関係なく、お金がなくなったことは一度もない
③ 本当は働きたくないかも。少なくともやりたいことは今の仕事ではない
④ 家族の望みは、Kさんの笑顔や健康であって、稼ぎではない
自分がいかにトンチンカンな思い込みに縛られていたかがわかると、本当に笑えます。実際、数カ月後にKさんのお子さんに話を聞くと「頑張ってた昔のママより、ゆるゆるしてる今のママのほうが好き」と言っていました。Kさんの欲しかった笑顔や安心は、こうやって手に入ったのでした♪

「必ず成功すると わかっていたら、何をする?」

イラストレーターとして独立して3年。なんとか生活していけるだけの収入はあるものの、売れっ子とはほど遠く、このまま漠然と働いていていいのだろうかと不安を抱えていました。頑張っても思うような成果が出ず、毎日疲れきっている私を見かねて、友人がひとり言セラピーを紹介してくれました。

「最近、仕事で嬉しかったのはどんなときでしたか?」
セラピストにそう聞かれて思い浮かんだのは、仕事を受注できた瞬間と、ギャラが振り込まれた瞬間だけ。そういえば、独立から1年が過ぎた頃から、仕事が楽しいと感じなくなっていました。

「そもそもなぜ会社を辞めて独立しようと思われたんですか?」
昔勤めていた事務所はお堅い法人向けの仕事がメインで、オリジナルなアート性を表現する仕事はありませんでした。私は自分の感性

を生かすチャンスが欲しくて、独立したのでした。

「独立したのに、なぜ事務的に仕事をこなしているんだろう？」

セラピストの質問に答えているうちに、こんな疑問が浮かんできて、ドキリとしました。私は知らず知らずのうちにこう思い込んでいたのです。

「ある程度稼いでからでないと、好きなことはできない」

「好きなことでは、食べていけない」

だから、安定した収入につながる仕事や金額の大きい仕事が来ないことにストレスを感じていたのか……。私はこの機会に、自分がどんな仕事をしたいのか、もう一度向き合うことにしました。

「必ず成功するとわかっていたら、何をしますか？

お金の心配をしなくていいあなただったら、何をしているか考えてみてください」

「自分の感性を信じて、もっと自分を表現してみたい」

私の心の奥から出てきた答えは、独立した当時と何も変わっていませんでした。このことに気づいたおかげで、私はまた原点に戻ることができました。

その後、彼女は仕事を整理して、空いた時間で自分のHPに作品を載せました。4カ月ほど経った頃から徐々に仕事が増えていき、悩んでいた頃の3倍の収入になったそうです。

「お金をもらえなくてもやりたい！」と思えることを仕事にすると、仕事が遊びになるので、仕事が楽しくてしかたなくなります。その結果、成績が伸びたり、収入が増えたりします。人生の多くの時間を費やす仕事。どんなふうに働きたいか、この機会に自分とよ～く話してみてね。

そして、お金の心配をよくする人は、お金があなたの人生のご主人さまになっている可能性があります。「お金の心配をしなくていい状況だったら」と仮定して人生を描いてみることで、お金の支配から抜けられるので、こちらも試してみてください（Enoughの法則）。

リッチでスペシャルな節約生活

「豊かな気持ちで 暮らせるのは、どっち?」

食器が好きで、人気作家の食器をコレクションしていました。友人が遊びに来たときだけ特別にその食器を使って、普段は眺めるだけ。子どもがまだ小学生だったので、お気に入りの食器を割られないように、毎日の食卓ではスーパーで買った安い食器を使っていました。

その頃の私の脳内は、お金の心配ばかり。頑張って働いても収入が増えることはなく、節約、節約の毎日でした。

「頑張っているのに、どうしてお金が増えないの?」

どんどん気持ちがすさみ、つい家族にもきつく当たってしまいます。

そんなとき、Enoughの法則(116P参照)を思い出しました。「収入が少ない」「お金が減る」など、持っていないほうに注目するのではなく、日常のなかにある「すでに持っている豊かさに目を向けよう」と思ったのです。

そして自分に問いかけました。

「せっかくのお気に入りの食器。このまま食器棚の奥に眠らせたままにしておくのと、割れてもいいから毎日使うのとでは、

豊かな気持ちで暮らせるのは、どっち?」

私の答えは「割れてもいいから毎日使う」でした。

その日以来、お気に入りの食器を普段使いにすることにしました。

子どもたちは最初「これ、割ったら殺される食器じゃん！ いいの？」と驚いていました。

けれど「形あるものはいつかは壊れちゃうでしょ。だから、壊れることを気にするより、**毎日のご飯をおいしく食べられるように使おうね**」

という私の言葉に、納得してくれました。

お気に入りの食器に盛りつけると、節約ご飯もおいしそうに見えます。子どもたちも「ママが大切にしているものだから」と言って、ていねいに扱ってくれます。

そんな姿を見て、いっそう嬉しくなりました。

彼女はこれをきっかけに「特別な日のために」としまい込んでいた服やアクセサリーなどを普段から使うようになりました。お気に入りのものに囲まれ、心地のいい「Feel good」（幸せの正体／106Ｐ参照）で過ごしていたら、仕事が順調になり収入も増えていったそうです。あなたも、「持っているもののなかで、すぐに使えるものはない？」「お気に入りで大事にしまい込んでいるものはない？」と問いかけて、今すぐ毎日をリッチ＆スペシャルにしましょう。心が豊かになると、それに合わせて物質面も豊かになりますよ（Enoughの法則、Inside Outの法則）。

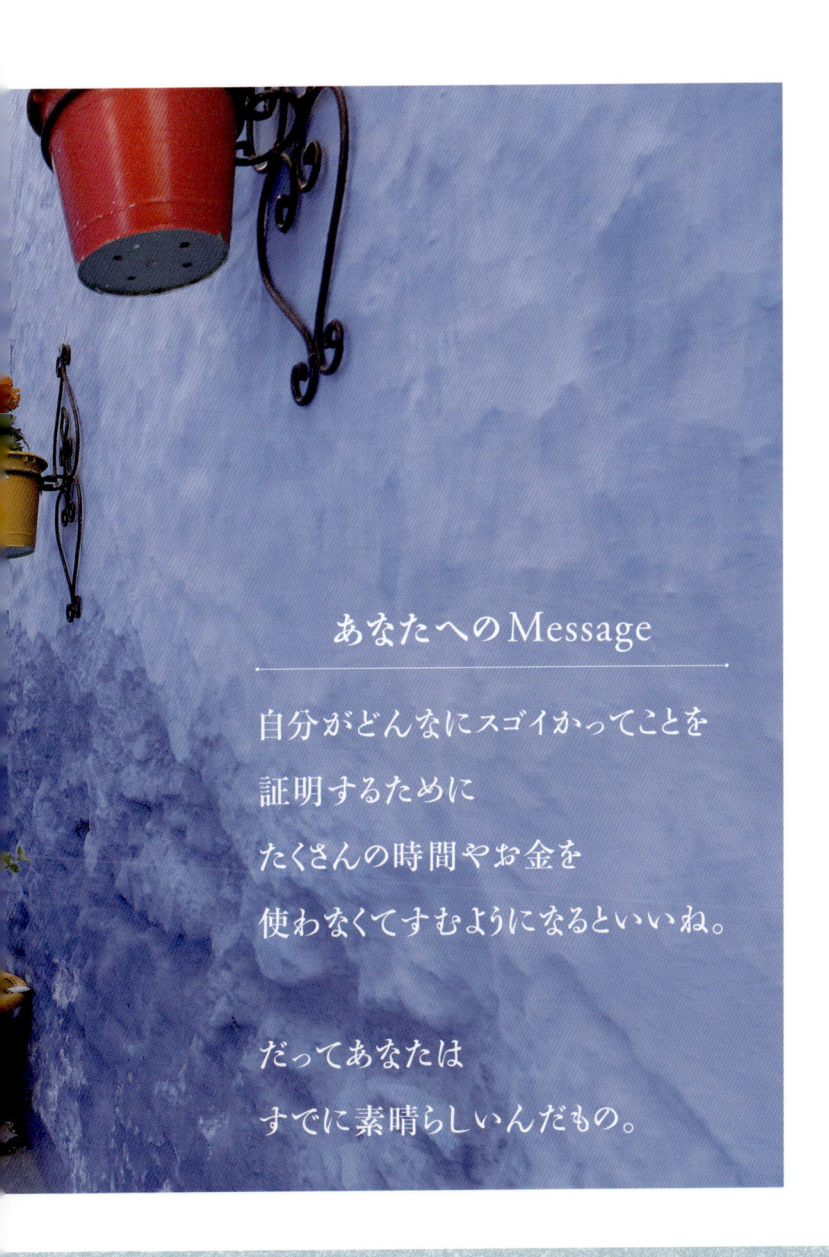

あなたへのMessage

自分がどんなにスゴイかってことを
証明するために
たくさんの時間やお金を
使わなくてすむようになるといいね。

だってあなたは
すでに素晴らしいんだもの。

EPISODE **11** 女の本音

「彼女のどこにムカつくの?」

昔から女っぽい人が苦手で、ぶりっこする女性を見ると無性に腹が立ちます。今の職場にも、女性を武器にしている子がいます。男性社員と話しているときのわざとらしい笑い声や、長くカールしたまつ毛エクステ、「見て! キレイな足でしょ」と言わんばかりのミニスカートを目にするたび、私は「バカじゃないの。何しに会社に来てるんだか」と心のなかでつぶやいていました。

彼女への嫌悪感は日増しに高まるばかりです。

とくに腹が立つのは、残業になりそうになると、「お願いしていいですか？」と男性社員に仕事を押しつけ、自分は習いごとがあるからと平気で帰ってしまうこと。私は残業して自分の分の仕事を終わらせているのに、フェアじゃありません。

しかも、会社の男性社員はみんな彼女に甘い。「しかたないなぁ」のひと言で、引き受けてしまうのです。

「まったくもう！ 男なんてみんな、死んでしまえぇぇ」

私は残業と戦いながら、よく心のなかで毒づいていました。

不快な感情「Feel bad」（106P参照）は「間違った思い込みが自分の根っこにある」というサインだと、最近通いはじめたひとり言セラピーで教えてもらいました。そこで、どんな思い込みが自分にあるのかを知るために、自分と対話してみることにしました。

「彼女のどこにムカつくの？」

「彼女だけズルイ」

「あの子は自分のかわいさを知っていて、それを武器にしておいしい思いをしている。そこがムカつくんだよ！」

ドロドロとした本音が浮かび上がってきます。

私は少し冷静になって、その声がどこから生まれているのかを探ってみました。その声の源にあるのは**「どうせ私はかわいくないから、何をしたって男性から相手にされないに決まってる」**という私の思い込みでした。そして「彼女だけズルイ」は、裏を返せば、私が

置き去りにしてきた「本当は私だって、かわいくしたい。女性として優しくされたい。男の人から守られたい」という願いだったのです。

幼い頃、母に言われました。

「お前はかわいくないから、しっかり勉強しなさい」

「やっぱりピンクは似合わないね」

すり込まれたその言葉を、大人になった今でも《真実》だと信じていたのです。

でも、私にそんなことを言った人は、30年生きてきて、母ひとり。

父は「本当にかわいいね」「何を着てもよく似合う」と言ってくれていたことも思い出しました。

「そうか。彼女は、私が女っぽくすることを自分に禁じていたことを、教えてくれていたのか! 本当は私も女っぽくしたかったんだ」

それに気づけた私は、ネイルをしたり、スカートをはいたりするようになりました。自分が〝女っぽい〟と思うことをするたびに、自分のなかの女性の部分が喜んでいるのを感じました。

「女らしい私も、結構いいかも」

そうすることで、不思議なほど彼女に腹が立たなくなりました。

次は「男性にも頼ってみようかな」そんなふうに思えています。

その後、彼女から彼氏ができたと報告をいただきました♪

特定の誰かに腹が立つのは、自分にそれを許してない証拠。そしてそれは、裏を返せば、あなたが心の奥底に隠し続けている《願い》であり、苦手な人、嫌いな人は、あなたにそれを教えてくれる存在です（Onenessの法則／ 118 P 参照）。その人の力を借りて自分の願いを見つけてあげてくださいね。願いは、あなたが見つけてくれるのをずっと待っていますよ。

EPISODE **12** その瞬間を味わう

「今この瞬間にある幸せを
捨てていませんか?」

いつも何かに追われて、焦ってしまう。それは私の長年の悩みでした。何をしていても、「あれもしなきゃ。これもしなきゃ」と落ち着かないくせに、「明日やろう」と先送りにするクセもあって、ストレスはたまる一方。ついに、不眠症になってしまいました。

「あれもしなきゃ、これもしなきゃ」

こんな焦りが、ちょっとした方法で消えるって知ってました？ その方法とは、「〝体のある場所〟と〝頭のなかで考えていること〟を一致させる」というもの。

私はこの方法を実践するようになってから、ぐっすり眠れるようになり、仕事をしているときもプライベートも、頭がスッキリして快適に過ごせるようになりました。

以前の私は、仕事中に彼のことを考え、彼といるときにまだ片づいていない仕事のことを考える……と、体のある場所と頭のなかで考えていることが違っていました。

それに、心配なことがあると、何をしていてもそのことについて考えてしまっていて。でも、それが普通でしたし、まさかそのことが、私の人生に大きな損失を与えていることにも気づいていませんでした。

私は、一日の多くの時間を「心ここにあらず」の状態で過ごしていたのです。

私の頭は、過去にやってしまったこと、あるいは、やらなかったことへの後悔や、まだ起きていない未来への心配でいっぱいでした。

「なんであんなこと言っちゃったんだろう」
「このまま結婚できなかったらどうしよう」

「食事のとき、あなたは何を考えていますか？」
ひとり言セラピーのセラピストに言われて、毎日の生活を思い出してみると……食事のときもテレビやスマホを見たり、仕事で抱えるトラブルについて考えていました。せっかくの食事なのに、食べものを口に運んで、噛んで、飲み込むだけの作業になっていたのです。

「今考えてもしかたないことを考え続けて、幸せは増えましたか？
それを考え続けることで、

今この瞬間にある幸せを捨てていませんか？」

ハッとしました。幸せになりたいと願い続けてきたのに、目の前にある幸せの瞬間を自ら捨てていたとは！
「今いるこの場所、この瞬間に目を向けて、目の前の幸せを迎えにいこう」
食事のときをはじめ、生活のいろいろな場面で自分にこう言うことで、焦りは消えていきました。

幸せを感じることが増えた彼女は、人間関係が安定して心配ごとが減ったそうです。集中力も増したため、仕事でも成果が上がるようになったとか。昔から《今、ここ、私》という考えは、幸せの秘訣として知られていますが、座って瞑想するだけがそれを実現する方法ではありません。私が最近ハマっているのは、歩くときに〝歩いている〟ことに集中すること。足が地面につく感覚、日向のポカポカと日陰のひんやり感、風が頬に当たる感じ、吐く息、吸う息。その瞬間「生きている」ことを感じて、とても幸せになれるのです。あなたの身近なところにも《今すぐここで》幸せになれるポイントがあるはずです（Neutralの法則）。騙されたと思って探してみると楽しいですよ♪

EPISODE 13 私を取り戻す

「人生の主語は、誰?」

たまたま参加したマナー教室で、素敵な女性に出会いました。スラリとしたモデルのような美人で、私は彼女を見たとたん、「この人、何をしている人だろう?」と興味を持ちました。彼女の生活は、仲よしの夫と愛犬と暮らしながら、フリーランスで仕事をするという、私の憧れそのもの。独身 OL の私は「この人みたいになりたい! こんな暮らしをしたい!」と、彼女のマネをはじめました。

憧れの彼女は、私のメンターのような存在。聞くことすべてが新鮮で、彼女みたいになるために、おすすめの本を読んだり、グッズを購入したりしました。けれど、時が経つにつれ、一緒にいることが苦しくなり、彼女の言葉も素直に耳に入ってこなくなったのです。

「彼女のことが大好きで、話を聞くのがあんなに楽しかったのに、どうしてこんなふうになってしまったんだろう?」
私は、自分のひとり言を観察してみることにしました。

実は、彼女がすすめてくれたもののなかには、ピンとこないものもありました。でも「やりたいと思えない」と思うことは、彼女への裏切りになると感じ、自分の気持ちを無視していました。それに、教えてもらったことをやっても、ちっとも彼女のようになれない自分に対して「結果を出せない私はダメなやつ。それがバレないようにしないと」という声があることに気がつきました。

「私の人生の主語は、誰？」

そう問いかけ、自分の人生を振り返って愕然としました。

私の人生なのに、私がいない。主語はいつも他の誰かになっていました。なぜなら、私は自分に自信がなくて、自分のことが嫌いだったから。

「こんな私が言っている言葉なんて信じられない。自分の考えに従えば、うまくいかなくなる。

成功している人のマネさえしていればいいんだ」

ずっとそう思って生きてきていたことに、やっと気がつきました。

「自分に自信がなくても、自分のことが嫌いでも。私の人生を生きられるのは、私しかいないんだ」

言葉にすると当たり前ですが、長い間これができていなくて苦しかったんですね。
ようやく〝私が主語の人生〟がスタートできます！

幸せになるために〝完璧〟にならなきゃいけないと思い込んでいませんか？ 本当は、完璧にならなくても、幸せになっていいんです。そして「〇〇になったら」と幸せを先送りにするのをやめて、「〇〇になってない私も、なってる私もどっちもOK！」と評価を手放してみましょう（Neutralの法則）。
私はよく旅行に行くので「自由でいいですね」と言われますが、〝旅行に行くから自由〟じゃなくて、〝いつもの場所で自由になれたから旅行に行ける〟と思っています。ちなみに私の娘の名言は「行きやすい所じゃなく、行きたい所から行きな！」です。私がジリ貧から抜け出して、久しぶりに旅行の行き先を考えていたときに言われました（娘はそのとき中学生・笑）♪

「頑張ってる自分を責めてない?」

娘と2人で電車に乗っていたら、同じ車両にいた若いママが、男の子を叱りつけていました。出かける準備をしているときに男の子が言うことを聞かなかったせいで、電車に乗り遅れたようです。怒りがおさまらないのか、怒鳴り声は小さくなりません。私の心が、ザワザワと落ち着かなくなります。昔の自分を見ているようでいたたまれなくなってしまったのです。

25歳で出産をして、いい母親になりたくて、必死で子育てをしていた私。大らかで優しいママでいたいのに、イライラしてばかり。
理想と現実の間に、大きくて深い溝がありました。
あの頃の私は、「ちゃんとしてくれない子ども」にイライラしているのだと思っていました。
でも、違っていました。自分のひとり言を意識するようになってわかったのですが、私がイライラしていたのは、「かわいい自分の子を、感情的に怒ってしまう自分」に対してだったのです。

「もっと〝ちゃんと〟しなきゃ」

私の頭のなかは「ちゃんと」という言葉でいっぱいでした。
そして、子どもの発育が他の子より遅いのも、アトピーになったのも自分のせいにして、「母親失格」のレッテルを自ら貼って、ちゃんと子育てできない自分に、毎日いらだっていたのです。
当時はそれがわからず、自分を愛情の少ない母親だと感じ、「私なんかが母親で、この子はかわいそう」とさえ思っていました。
「あんなに怒っちゃってごめんね。ひどいママだよね」
娘の寝顔を見ながら、情けなくて一人で泣いた夜もありました。

今、小さかった娘は24歳。
その娘が、電車で子どもを叱り続ける若いママを見ながら、「子育てって大変なんだろうね」と話しかけてきました。
「そうね。思いどおりにならないことだらけだからね」
すると娘は、じっと私の顔を見て言いました。

「ママは今の私ぐらいの歳で私を産んだんだよね。すごいね。私には
できないよ〜」
思いもかけない娘の言葉に、胸に熱いものがこみあげました。

「そうか。私、すごく頑張ってたんだ」

自分の思いどおりにならない小さな命に、24時間毎日翻弄され、
ゆっくり寝ることも、食事をすることも、お風呂に入ることさえま
まならない日々。
出産を境に生活がガラリと変わってしまうんだもの、混乱して当然
だったのかもしれないなぁ。私は自分が思うほどひどい母親ではな
かったのかも。

そして今ならわかるんです。「ちゃんとしなきゃ」というひとり言
をあのとき私が手放せていたら、もっと楽に子育てができただろう
な、と。

「自分を責めていない？
あなたはよく頑張っているよ」

昔の私のように苦しんでいるママがいたら、そう声をかけてあげた
いと思います。

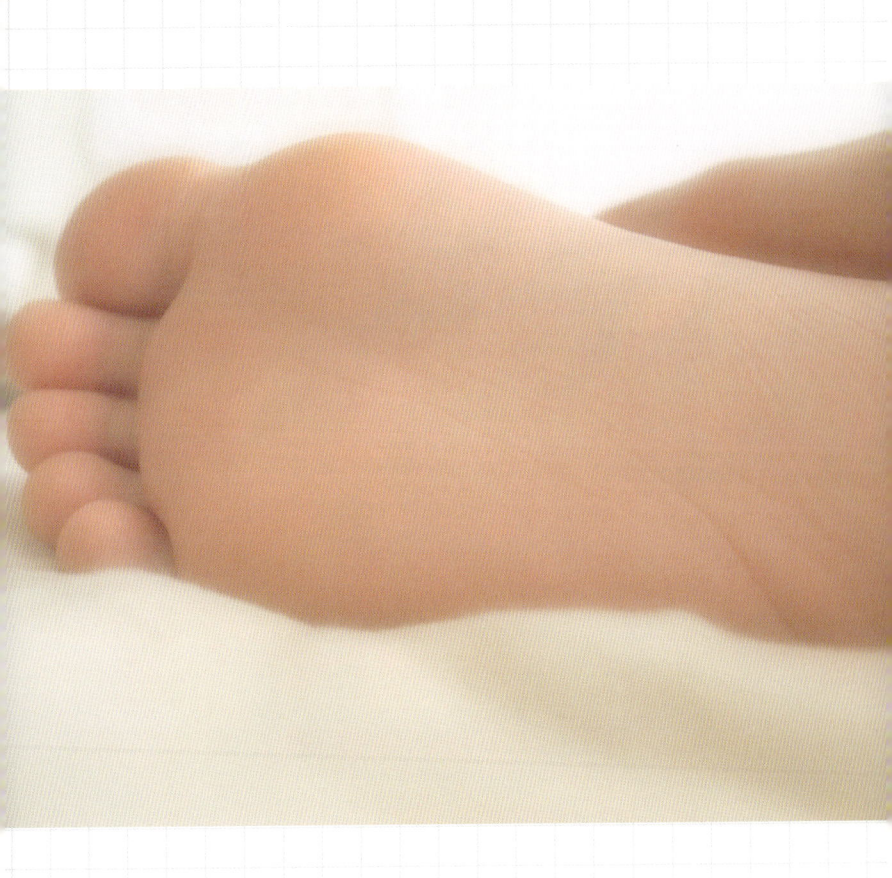

子どもへの言葉は、自分自身へのひとり言とイコールです。ひとり言セラピーでは、他人との人間関係を変えたいとき、まずは自分との人間関係を見直すことからはじめます（ナリッシュワードとキラーワード）。子どもにガミガミ言うのをやめたいなら、自分を責めることをやめてみてください。私も、これでイライラママを卒業しました♪

子育てだけでなく何事もそうですが、〝ちゃんと〟しなくても大丈夫。死にませんから。余裕のできた心と両手で、子どもと自分を抱きしめてあげてください。そのほうがよっぽど大事です。

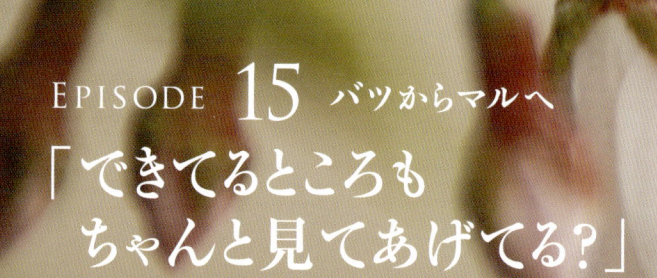

EPISODE 15　バツからマルへ

「できてるところも ちゃんと見てあげてる?」

受験生の娘が、リビングで勉強していました。問題集の答え合わせをしながら、頭を抱えています。普段弱音を吐かない子なのに、珍しくグチを口にしました。

「やってもやっても知らないことが出てくる」
「なんだか、やるたびに自信がなくなってくるよ」
ちょうど伸び悩む時期で、焦りが出てきたのでしょう。私は、ひとり言セラピーで習った Enough の法則の話をしてみました。

「人間の脳はね、放っておくと、欠けているところに注目するように
できているの。できてないところもあるかもしれないけれど、でき
てるところだって、たくさんあるでしょう。
できてるところもちゃんと見てあげてる？」

そう言葉をかけると娘はハッとした顔になり、こんなことを言い出
しました。
「そういえば、答え合わせをするとき、私、間違ったところに×をつ
けることしかしてない！」

「あら、それは大変だ。ちょっと想像してみて。間違ってる答えだけ
に×だけつけて返してくれる先生と、ちゃんと○もつけて返してく
れる先生がいたら、どっちの先生に見てもらいたい？」
「○をつけてくれる先生がいい」

娘はそれ以来、答え合わせのときに大きく○をつけるようになりま
した。

この後、娘さんは間違っている答えには、×ではなく☆マークをつけるように
なったそうです。なぜなら「間違った問題は、自分の可能性を広げてくれる
問題だから」ですって♪
「足りているところを見るといい」と知っている人はたくさんいますが、自分のこ
とに当てはめて活用できている人は、本当に少ないです。それでは現実が変
わりません。毎晩、よくできたことや、頑張ったことを具体的に数えてみること
からはじめませんか？ 大人だって○をくれる先生のほうがいいですよね。他人
に求めるより、自分で花マルをつけちゃうぐらいのほうが、幸せですよ。

「それをしたら、 本当に嫌われる?」

職場の同僚からの LINE に悩まされています。一度恋愛相談に乗って以来、何かあるたびにメッセージがくるようになりました。最初は親身になって応じていましたが、同じような悩みを何回も何回も聞かされるうちに、さすがに嫌になってしまいました。

相手は、会社で顔を合わせるので、気まずくなるのは避けたいところです。「はー、嫌だけどしかたないな…」と、ついついやりとりをはじめてしまい、結局2時間ほど彼女の悩みにつきあうハメになります。

ひとり言セラピーでは、「Feel bad」(不快な感情)があったときには〝自分の根っこに間違った思い込みがあるサイン〟としてとらえるので、私は心に引っかかっていたこの件について、自分の根っこを探ってみることにしました。

まず気づいたのは「嫌われたくない」という声でした。私は、彼女のためでなく自分が嫌われたくないから、相談に乗っていたのです。

私はさらに自分自身に聞いてみました。

「相談に乗らないと、
本当に彼女から嫌われるの？」

彼女は彼女のペースがあるように、私には私のペースがあります。今までの私は、彼女のペースに合わせてしまっていたから、しんどくなっていたのですね。そのことに気づいたら、私は学生時代からずっとそうやって他人に合わせて生きてきたことを思い出しました。
これは、嫌われたくない一心で相手のペースに合わせておいて、勝手にストレスをためる私のパターンの問題であって、彼女の問題ではなかったんです！
彼女は、私にそのことを気づかせてくれただけなんですね。

これからは相手のペースに合わせる前に、自分に「私はどうだったら心地いいの？」と聞いてあげたいと思います。

本音と行動が違っていると、自分に嘘をついたことになります。嘘をついてつきあっていくと、やがてその関係はおかしくなります。どの道うまくいかないなら、いっそのこと早いうちに嫌われてしまいましょう。
あなたが、自分の心地よさに誠実になったとき、そんなあなたのことが好きだという人が現れ、嘘のないつきあいができるようになります（Onenessの法則）。どっちの人生がいいですか？ 選ぶのは、あなたです。

あなたへのMessage

嵐のように荒れ狂う心を
外から見る冷静な目を持ちなさい。

その目は
それがすべてではなく
全体のなかのごく一部で一時であることを
あなたに教えてくれるでしょう。

荒れ狂う心のなかにとどまり
嵐を感じる勇気を持ちなさい。

その勇気は
あなたが誰で
何を求めているのかを
教えてくれるでしょう。

EPISODE 17 婚約指輪と悲劇のヒロイン

「本音を言うと捨てられる?」

彼とつきあって2年。めでたく入籍することが決まりましたが、プロポーズらしいプロポーズはなく、婚約指輪もありません。形にこだわらない私たちには、それが自然だと思っていました。けれど、友だちに結婚の報告をするたびに「婚約指輪は?」と聞かれ、なぜか胸がモヤモヤしはじめました。

「どうして私、指輪のことになるとモヤモヤするんだろう」
私は、そっと自分のひとり言に耳をかたむけることにしました。

「本当は、婚約指輪が欲しい」
声にならないほどの小さな本音が、心のはじっこにありました。私は、「指輪が欲しい」と思っている自分を知るのが怖かったのです。なぜ怖いと思ったのでしょう。

私はさらに自分の心の声を探ってみます。
「欲しいなんて思っちゃダメ。わがままでお金のかかる女だと思われたら、彼に捨てられる」
私は本音を言うと嫌われてしまうと、本気で信じていたのです。

「本音を言うと捨てられるって、本当？」

私は、今までの出来事を客観的に見直してみることにしました。彼
との2年間を振り返ってみると、ケンカして泣いたときも、いじけ
モードのめんどくさい女になったときも、彼が私を捨てようとした
ことは一度もありませんでした。

それに、私が思い描く理想の夫婦は、お互い本音で話せる夫婦。意見の違いでぶつかることはあっても、それはお互いをもっと理解するためで、ぶつかること＝悪ではないはずです。

「実は…私、婚約指輪が欲しいんだ」
ドキドキしながら、私は思い切って彼に伝えてみました。
そのひと言を口にするのに、どれだけ勇気がいったかしれません。
「そうだろうと思って、実は準備してたんだ。驚かせようと黙ってたんだけど…」

今、私の薬指には婚約指輪が輝いています。
勝手に悲劇のヒロインにならなくて本当によかった。
私の本音を、私より早く感じ取っていてくれた素敵な彼。この先彼とずっといい関係でいるためにも、モヤモヤしたら、自分のひとり言に耳をかたむけ、根っこにある幻想を見つけて、書きかえていきたいと思います。

ひとり言を使って、自分の内側に「客観的な視点を持つセラピスト」を育てると、悲劇のヒロインは卒業できます。悲劇のヒロインさんは、ぜひ自分が「当たり前」と思っていることほど、疑ってみてください（Realityの法則）。ほとんどが幻想だったということがわかるはずです。本来、あなたは愛されて当たり前の人間で、こっちのほうが《真実》です。それに、カツラと一緒で、あなたはうまく本音を隠しているつもりでも、たいがいバレているものですよ♪

EPISODE 18 嫌いが愛しさに変わった日

「一番つらかったとき、言いたかったことは何ですか?」

私は長い間、うつ病にかかった夫を支えてきました。しかしある日、そんな夫に多額の借金があることと、10歳年下の女性と浮気をしていることが発覚したのです。いいかげんに愛想を尽かし、離婚を覚悟で1年前に家を飛び出しました。

「全部リセットして、新しい人生をスタートさせよう」

そう意気込んで上京した私は、仕事と新居を見つけて、新しい生活をスタートさせました。

ところが、思いは空回りするだけで、家賃を払うのに精一杯の生活。

さらにしばらくすると、心身ともに調子を崩してしまいます。

「この先どうなってしまうんだろう」と不安でどうしようもない毎日を過ごしていた頃、ひとり言セラピーに出会いました。

「あなたにとって大切な人は誰ですか?」

セラピストにそう聞かれ、目を閉じて自分の心に問いかけた瞬間、私は驚きました。

顔も見たくない」と思っていた、夫の顔が浮かんできてしまったからです。

離婚するために家を出て、はるばる東京までやってきたのに……。自分の大切な人が夫であることを認めたくなくて、「いやいやいや、そんなはずはない」と、浮かんでくる夫の顔を振り払いました。

セラピストの質問はさらに続きます。

「あなたが人生で一番つらかったとき、
言いたかったことは何ですか？」

私は夫の顔を完全に振り払うことができないまま、自分の心の声に
耳をかたむけました。

「バカやろー！ お前なんてもう知らない！ 勝手にしろ！」と文句を
言っていたら、ふと、こんな言葉が自分の奥から出てきました。
「なんでそんなことするの？　私はあなたと一緒に幸せになりたい
と思って頑張ってたのに…。
私のことをちゃんと見て。こっちを向いて。私を愛して」

堰を切ったように出てくる涙と一緒に、夫に愛されたいと願う声があふれてきました。

しかし、夫がしたことを許せない気持ちは、そうかんたんには消えません。そのことをセラピストに言うと、こうアドバイスされました。「お気持ちはわかりますが、ご主人のしたことはいったん脇に置いて、自分のなかにある気持ちのほうに意識を向けてみてください。ご主人と話し合ったり、何か行動する必要はありません。ただご自分の気持ちを無理に変えようとせず、愛されたいという声も、許せないという声も、そのまま心のなかにいさせてあげるのです」
私は、自分の気持ちを無理に変えようとするのではなく、ただ寄り添って暮らすことしました。

そのあとしばらくして、メールで夫と連絡を取り合うようになりました。必要事項だけの短いメール。許せない気持ち、照れや葛藤。いろんな気持ちが入り混じりましたが、私は混乱する心をなんとかしようとするのをやめて、その時々に出てくる感情を感じるようにしました。
そして「本当は私、寂しかったんだ」と自分の心に素直になれたとき、主人の寂しさも理解できた気がしました。

> その後、業務連絡の敬語で黒文字オンリーのメールが、絵文字が入ってカラフルになっていき、今では仲よしのご夫婦です。私たちは、「Feel bad」（幸せの正体）が自分のなかにあると、すぐに変えようとするけれど、それらをジャッジせず自分の一部として認めて、存在させてあげることで、置き去りにしてきた自分を取り戻せます（Neutralの法則）。そのとき、損得や正しさが邪魔をするかもしれませんが、大切なのは、自分が〝本当に望んでいること〟を忘れないこと。諦めないこと。あなたが諦めなければ、必ずそれは手に入ります♪

EPISODE 19　恋愛ベタ卒業

「今日は何をして、
　私を幸せにしてあげよう?」

私は昔から恋愛ベタです。つきあうことはできても、長続きさせることができず、結婚の気配がまったくないまま、30代に突入してしまいました。焦りはじめた私は、自分のダメ恋愛パターンを変えたくて、ひとり言セラピーに通うことにしました。

まずは、自分の恋愛パターンをきちんと知るために、いいなと思っている男性に対する自分のひとり言に、耳をかたむけてみることにしました。

彼と一緒にいると、楽しくてときめいている自分がいます。でも同時に、心の奥底でこんなつぶやきをしていたのです。

「どうせ都合よく扱われて終わりなんだから、調子に乗っちゃダメ」

「彼に連絡してみようかな」と思っても、「勘違い女だと思われると嫌だから、やめよう」というひとり言が邪魔をします。そのくせ、彼からの連絡がないか気になって、いつもスマホをチラチラとチェックしているのです。Facebookの投稿で彼が女性と一緒にいるのを見かけると「彼女かな？」「実は遊び人？」などと妄想が止まらず、落ち込んでしまうこともありました。

自分のひとり言を意識して気づいたのですが、恋をすると、私の頭のなかは彼一色になっていました。

《依存》という2文字がふと頭をよぎりました。彼から連絡がくれば喜び、こないとへこむ。彼から好かれれば、自分は女性として価値があるように感じ、そうでなければ価値がないと思って悲しくなる。

「どうしたら好きになってもらえるんだろう」

私の幸せや女性としての価値が、すべて彼次第になっていたのです。そのために、彼が好きそうなファッションをしたり、ウザい女だと思われないように振る舞ったりして……。自分らしくいるより、彼に気に入られそうな女性を演じていたのです。

ひとり言セラピーでは、変えられないものを変えようとすることは、山に向かって「動け！」と言っているのと同じだと教わります。恋愛でこそ「自分の領域」にとどまることが、私には必要だと感じました。彼が私のことを好きかどうかは、彼の領域。だから、私は私らしくいよう。彼と一緒にいない時間も私の大切な命の時間。だから、楽しいことをして過ごそう。

「今日は何をして私を幸せにしてあげよう？」

それ以来、朝起きたときやスマホをチェックしようとするときに、この言葉を自分にかけて、その時々に私が楽しいと思える行動をするようにしてみました。

しばらく続けた頃、自分に変化が起きているのを感じました。男性といるときに「好きになってほしい」という気持ちから何かをするのではなく、**「一緒にいて楽しい」**という純粋な気持ちでいられるようになったのです。

> 彼女はその後、新しい人に出会い、結婚が決まったそうです。多くの人が、自分を好きになってもらいたくて《ふり》をするけれど、本当の自分を見せないまま結婚をすると、あとが大変!! パートナー探しにおいても、大切なのは自分との人間関係。自分を嫌いだと思っている人は、たとえ素敵な人が現れても関係を壊してしまったり、ダメンズをつくり出したりします（Inside Outの法則）。
> まずはあなたが自分と仲よくなって自分を大好きになること。あなたが自分に正直になれば、正直な人と巡り会えます（Onenessの法則）。そのためにも、相手と自分の領域をしっかり分けて、自分の「Feel good」のために時間を使ってくださいね（Realityの法則）。

あなたへの Message

ぽっかり空いた心の隙間を
手っ取りばやいもので埋めるのは
もうやめようね。

その隙間はね……
何者かになろうとして忘れかけてた
自分らしさを教えてくれる。

外に求めていた
自分の満たし方を教えてくれる。

当たり前すぎて分からなくなっていた
本当に大切なものを教えてくれる。

どんなときも変わらずに
愛してくれる人がいることを教えてくれる。

ぽっかり空いた心の隙間にね……

あなたが求めていたものは
全部ある。

幸せが増えるダイエット

「大切な自分に、
　何を食べさせてあげる?」

私は、中学生のときからずっと、数々のダイエットにチャレンジして
きましたが、一度も成功したことがありませんでした。しかしここ最
近、食事制限や運動をしていないのに、人に会うたびに「痩せてキレ
イになったね」と言われるようになりました。

鏡を見ては「はー、痩せたい」。

洋服を試着しては「もっと痩せなきゃ」。

雑誌やテレビで流行しているダイエットは、ひととおり試してきました が、極端なカロリー制限で一時的に痩せることはあっても、そ れが長続きしたことがありません。年中ダイエットをしているにも かかわらず、私の体重は順調に増え続けていたのです。

「痩せたいのに痩せられない」

そんな悩みを、ひとり言セラピーのセラピストに相談したところ、彼 女からこんな言葉が返ってきました。

「あなたには、確か大学生の娘さんがいましたよね。娘さんがあなた のような食生活をしていたら、なんて声をかけますか?」

「そうですね…。そんな生活をしていたら、体によくないわ。それに、 無理に痩せなくていいじゃない。そのままでも十分かわいいよ」

口にしながら、ハッとしました。

まわりから見れば、私自身もそんなふうに見えているのかも。長年 痩せることを目標にしてきたので、「私は太っているから痩せなきゃ ダメだ」と何の疑いもなく思い続けていましたが、娘だって自分のこ とを太っていると思っているのですから、もしかすると私も同じか もしれません。そう思うと、必死にダイエットに取り組んできた自 分が、なんだか滑稽に思えてきました。

「食べることが好きなのに、食べないように我慢するって、大変じゃ ないですか? どうでしょう、逆転の発想をしませんか。

大切な自分に何を食べさせてあげる？

そう考えるんです。自分という最愛の人が、幸せで健康でいられる
よう食べ物を選んであげるのです」

目からウロコ！ でした。
そんな発想、今までしたことがありませんでしたから。
「食べるのが好きな私でも、それなら無理なくできるかも」
そう思い、食事の前に自分に問いかけるようにしました。
「何を食べたら幸せが増える？」

それからはカロリーでなく、そのとき食べたいと感じたものを選ぶよ
うになりました。すると少しの量で満足できるようになり、甘いもの
に手が伸びることも減り、体重も適度に落ちてキープできています。
一番変わったのは、自分を責める言葉が減ったこと。「痩せなきゃ」
を手放したら、毎日のストレスが激減したんです。〝(モデルさんみ
たいに）痩せていること＝キレイ〟という社会の流れに踊らされてい
たことが、今はよ～くわかります。

> 好きな人ができたら、その人を喜ばせたい、笑顔になっ
> てもらいたいと真剣に考えるでしょ。それと同じぐらい真
> 剣に、自分を喜ばせようとしたことはありますか（Oneness
> の法則）？
> ここでは、ダイエットの例を取り上げましたが「最愛の人に
> なんと声をかけるか？」という発想を日々の生活に取り入れ
> ていくと、自分を責める言葉が自然に減って「Feel good」
> な時間が増えます。これを読んで「自分を甘やかすとダメ
> になりそう」という声が聞こえた人ほど、やってみてください。
> そう思う人は、甘いぐらいでちょうど〝いい加減〟です。

感情に振りまわされなくなるコツ

「腹が立つね、悔しいね、
悲しいね…」

私は小さい頃から、扁桃腺炎、鼻炎、皮膚炎、関節炎など、数々の炎症に悩まされてきました。いつもどこかに不調があったので、それが普通だと思い込んでいましたが、セラピストの言葉を聞いて、私の不調は〝あること〟が原因だということがわかりました。

「いつも体のどこかが不調…ですか。断言はできませんが、炎症は〝怒りをため込んでいる〟というメッセージということもあるんですよ」

私はハッとしました。病院に通っても、薬を飲んでもよくならない体調は、心に原因があったのかもしれません。セラピストのすすめで、自分の内側に意識を向け、〝怒り〟がどこかにないか探してみることにしました。

思い返すと、幼い頃から私のまわりには常に「怒る人」がいました。私は「怒る人」のことが怖くて、嫌いでした。大人になっても、大声で怒鳴る人を見かけるだけで、心が落ち着かなくなり、体がこわばるのを感じ、しばらく憂鬱な気持ちになっていました。

どうしてそこまで反応してしまうんだろうと思い、さらに深いところにある自分のひとり言に耳をすましてみました。

すると「怖い」「嫌だ」という言葉の奥に「絶対あんな人にはならない」というひとり言があることに気がつきました。おそらく、物心がついた頃には、そう決めていたのでしょう。

私は人に対して怒ったことがありません。

「私さえ我慢すれば、波風が立たなくてすむ」

「それに、言ってもどうせ無駄だし」

そんなひとり言を言いながら、まわりの人に合わせ、怒りを露わにする人を見ては「みっともない」と心のなかで言っていました。

面倒なことに巻き込まれたくありませんでしたし、面倒な人だと思

われるのも嫌でした。

私は、怒ることを自分に許していなかったのです。
けれど、怒っていなかったわけではなく、本当の私はものすごい怒りんぼう。心のなかでいつも人のことを非難していましたし、自分に対しても「何でこうなの！」と怒っていました。

喜びや楽しさが「好き」を教えてくれるメッセージなら、怒りは「嫌い」を教えてくれるメッセージであり、「あなたの根っこに真実では

ない思い込みがあるよ」ということを教えてくれている。ひとり言セラピーでそう学び、私は、怒ることを自分に許していきました。

怒るといっても、怒りを直接相手に伝えるということではありません。怒りを感じたときは、それを抑えようとせず、ごまかそうとせず、怒りの感情が出てきて、自然に去っていくまで感じるのです。

「腹が立つね、悔しいね、悲しいね…」

湧き上がってくる感情に、ただただ寄り添いました。
最初は、なかなかできませんでした。怒りや悲しみにとどまるのは、とても苦しいからです。

ところがおもしろいことに、**「怒る私もOK」** と、怒ることを自分に許したら、不思議と心が穏やかになっていきました。そして、今、私のまわりに怒っている人はいなくなりました。

ネガティブな感情をよしとせず、無理やりポジティブに変換しようとして苦しくなっている "えせポジさん" がたくさんいます。自分が "えせポジ" かどうか知りたければ、現実を見てみて。満足のいかない実がなっているなら、その可能性があります（Inside Outの法則、Realityの法則）。
神様は私たちが人生を楽しめるように、いろんな感情を与えてくれました。キャンディーだって、いちご味だけじゃなくいろんな味があったほうが楽しいでしょ。あなたが自分で貼りつけた "いい・悪い" のレッテルを外せば、感情に振りまわされることなく、人生を味わうことができるようになります（Neutralの法則）。

あなたへのMessage

できなかったことが

できるようになったとき

持っていなかったものを

持てるようになったとき

人は喜びを感じるようにできている。

だから

「ない」という状態は

必要なもの。

喜びを感じるために

必要なもの。

幸せの正体

受験勉強、就職活動、資格取得、昇進昇格、ダイエット、婚活……。こういったことに、人はなぜ頑張るのでしょう？

それは「幸せになりたい」から。この会社に入れたら、結婚できたら、と人によって道は違っても、結局みんな「幸せになりたい」のです。人類はずっと「幸せになりたい」という動機によって行動し、インターネットや携帯電話、水道、ガス、電気、医療などあらゆる分野が発展しました。では、それほどまでに人類を魅了し突き動かす「幸せ」って、一体何でしょう？

私たちは心地よいと感じているとき幸せだと感じ、心地よくないと感じているとき不幸だと感じます。そして日々の生活でどちらの感情を多く（強く）感じたかで「幸せだ」「不幸だ」と判断しているのです。つまり、幸せ＝感情なのですが、感情には３つの種類しかありません。

Good（快）嬉しい、楽しい、わくわく、ほっこり、気持ちいい…など

Flat　　　普通

Bad（不快）悲しい、悔しい、寂しい、もやもや、イライラ…など

ひとり言セラピーでは、それを「Feel good」「Feel bad」と表現し、自分が「Feel good」でいられるようにひとり言を使う方法を伝えています。頭のなかのひとり言は必ず何らかの感情を呼び起こすので、何かを考えるたび、Good、Flat、Badのいずれかの感情を感じてい

るはずです。

自分が不幸だと思っている人は、普段何気なく考えていることが、「Feel bad」を呼び起こしていることに、まず気づく必要があります。幸せになるのに、何かを手に入れたり、何者かになったりする必要はありません。今のあなた、今の環境のまま、自分を「Feel good」にしてあげるにはどうしたらいいかを、次のページから解説していくナリッシュワードや5つの法則を使って考えると、何かを手に入れるために頑張り続ける人生から卒業できます。

ナリッシュワードと
キラーワード

右ページのハートの絵に、書き込んでみてください。

まずハートの外側に「言われて嫌な言葉」を。次に、ハートの内側に「言われて嬉しい言葉」を。

ひとり言セラピーでは、言葉には2種類あると考えています。

❶キラーワード…人の可能性を殺す言葉。人間関係を壊す言葉

❷ナリッシュワード…人の可能性や、人間関係を育む言葉

「キラーとナシッリュ、どちらの言葉を使う人と一緒にいたいですか？」たくさんの人にこの質問をしてきましたが、全員「ナリッシュワードを使う人」と答えました。にもかかわらず、「身近な人になればなるほどキラーワードを使う割合が増える」という現象が世の中で起きているのです。人間関係に関する悩みが減らないわけです。

ひとり言セラピーでは、「自分にキラーワードを使うのをやめてみましょう」と伝えています。自分にキラーワードを使っている人は、家庭や職場でキラーワードを使ってしまいます。自分にとって一番身近で、生涯離れられない自分自身にキラーワードを使わなくするということは、ある意味一番難しいチャレンジです。だ

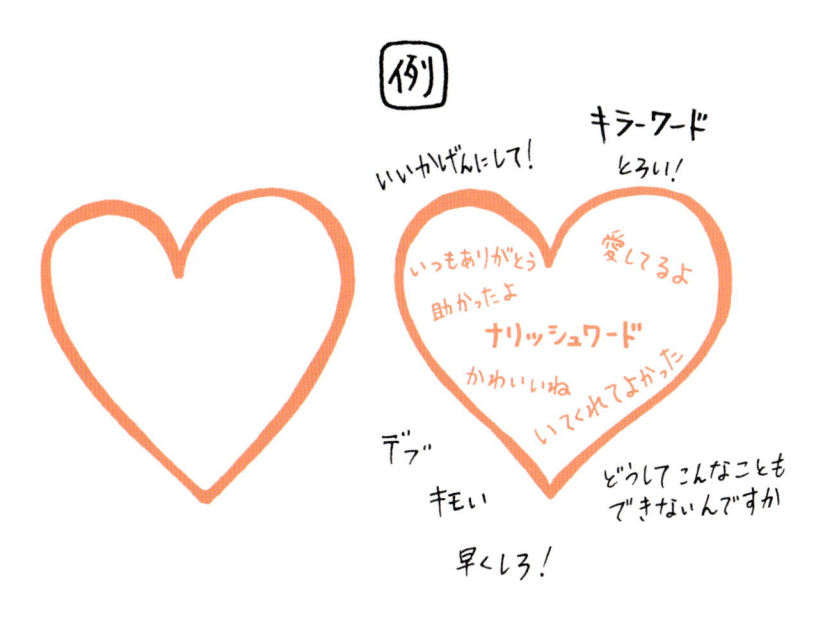

からこそ、意味があるのです。でも、難しいだけではありません。
自分のひとり言と向き合うのは、相手を必要としないため、いつ
でもできて、遠慮もいらないという大きなメリットもあります。
自分を愛するほどしか、他者を愛することはできません。大切な
人を大切にするためにも、まず自分への言葉の暴力をやめましょ
う。そしてあわよくば、自分の最強の応援団として、ナリッシュ
ワードをかけられるようになるといいですね。

４つの声

ひとり言には「頭」「心」「体」「魂」の４つの声があり、それぞれ得意分野があります。

４つの声の特徴を知って上手につきあえるようになると、悩むことが減り、人生がスムーズに流れはじめます。

- ◆ **頭の声**　目標、計算、手段、理論、分析…など
- ◆ **心の声**　感情（Good、Flat、Bad）
- ◆ **体の声**　痛み、症状、状態…など
- ◆ **魂の声**　インスピレーション…など

自分の生きたい人生を自由に生きるコツは、魂の声を信じて、その声が伝えてくることをかなえるために頭の声を使うことです。

心の声と体の声はセンサーのような役割をしてくれていて、あなたが本来の道を進めるように、軌道修正のメッセージをくれています。これらの声と上手につきあって、あなたがあなたに生まれた意味に気づき、他の誰でもない自分の人生を歩んでいかれることを願っています。

すべては
内側の投影である

りんごの根っこにはりんごの実がなり、みかんの根っこにはみかんの実がなります。人生も一本の木と同じです。根っこ（潜在意識）＝果実（現実）。口で「大丈夫」といくら言っても、腹の底から自然に大丈夫と思えていないのなら、「大丈夫ではない」現実が起きる可能性が高くなります。そしてそれは《自己イメージ》とイコールなので、自分の価値を低く見ていると、「価値の低い私」にふさわしい現実が次々と起こり続けます。

仕事、お金、恋愛、人間関係、健康など、あなたの人生の木に満足のいかない実がなっているなら、根っこの自己イメージや思い込みに問題があるということです。ところが多くの人が、見える部分（実）だけを見て、本質（根っこ）を見ようとはしません。次々にできる不満足な実の対処に時間とエネルギーを費やし、やがては「人生なんてこんなもの」と、問題だらけの人生を自分の運命だと勘違いして受け入れてしまうのです。これほど残念なことはありません。

根っこをじっくりケアしてあげると、一個の実だけがよくなるのでなく、仕事、お金、恋愛、人間関係、健康などすべての面がよくなっていきます。

私たちの Inside とは、まさに声にならない《ひとり言》です。ひとり言をよく聞いてみると、自分がどんな自己イメージや思い込みを持っているかわかるようになってきます。自分のことが好きになるほど人生がよくなっていくのは、そういうわけです。

Reality
リアリティ
の
法則

現実を味方につけると
人生はうまくいく

Realityの法則には3つの観点があります。

❶ 変えられるものと変えられないものを区別する

変えられないものを変えようとすることは、山に向かって「山よ、動け！」と言っているのと同じ。パートナーや子どもであっても、相手は山と同じで変えられないものです。自分の領域にとどまって変えられるものにフォーカスすることで「Feel good」が増えます。

❷ 真実かどうかを調べる

あなたの人生にうまくいっていないことがあるなら、過去の体験からつくり上げた思い込み（幻想）を信じ込んで、それにもとづいて行動している可能性があります。「普通」「当たり前」と思っていることほど、一度疑ってみる価値があります。

❸ 現実を「根っこにある幻想を教えてくれる先生」として見る

出来事が先にあるのではありません。出来事が起こる前に、必ずその原因が根っこにあります。嫌な出来事が起きたとき、対処に振り回されるのではなく、根っこにある幻想を見直す機会を与えてくれた先生としてとらえてみてください。

Enough
イナフ
の
法則

「すでに足りている自分」
としてとらえ、行動する

Enoughの法則の観点は2つあります。

❶ すでに足りているところを見る

人間の脳は、足りないところに目をむけるクセがあります。でも本当に、あなたの人生は足りないものばかりでしょうか？ 当たり前だと思っていたけどすでに持っているもの、当たり前だと思っていたけどできていることもあるはずです。足りないものを数えれば不足が増え、足りているものを数えればさらに与えられます。どちらに目を向けたほうが「Feel good」が増えますか？ 自分が幸せになるほうを選んでください。

❷ すでに足りている自分として物事をとらえてみる

Be（すでにそうあること）→ Do（何をするか）→ Have（手に入れる）が原則です。ところが多くの人が Doにとらわれ、そこからス

人は穴（足りないところ）を見てしまう

本当は足りてるところもいっぱいあるのに。

タートして望むものが手に入らないパターンを繰り返しています。望むものを手に入れるために一番確実な近道は、Be からスタートすること。「すでにそうなっている（理想の）自分なら、どうする？」と問いかけるのが習慣になったとき、あなたの望みはかなっているはずです。

ワンネス
Oneness
の
法則

あなたはわたし、
わたしはあなた

電車であなたの隣に座る人は、一見赤の他人。けれど、何世紀も先祖をたどっていくと、どこかで必ずその人と交わります。そして、それと同じように私たちの《いのち》は、根源の部分で自然や地球、宇宙ともつながっています。そういう意味で、自分のまわりにいる人はすべて自分自身であり、自分の鏡なのです。

まわりの人を《鏡に映った自分》としてとらえたとき、変えるべきは鏡のなかの相手ではなく、自分だと気づくはず。あなたが出会うすべての人は、あなたが何者なのかを教えてくれる人たちです。憧れの人がいるなら、その人に惹かれる要素について考えてください。その要素が、あなたにもあるということです。嫌いな人がいるなら、どこが嫌いなのか、その要素について考えてみてください。その要素を、あなたは自分に許していないはずです。

また損得感情や優越感、劣等感、孤独感など私たちを苦しめる感覚も、「私とあなたは別々である」という思い込みから生まれます。指は分かれているけど、手のひらではつながっていて、指と手のひらを合わせて「手」というように、「私とあなたは表面上別々だけど、根源ではつながっている」とうのが真実です。

ニュートラル
Neutral
の
法則

評価を手放し
物事をニュートラルにとらえる

私たちは常に頭のなかで「これはいい」「これはよくない」と評価をしながら生きています。凝り固まった評価は、人生の豊かさやチャンスがあなたに流れ込むのをせき止め、あなたを孤立させます。評価をするひとり言に気づいて、それを手放すことができれば、今すぐ幸せになれます。Neutralの法則の観点は2つあります。

❶ コインの裏側を受けとる

「これが欲しい」「こうなりたい」と願いながらかなっていないものがあるなら、そこには手に入れることで生じるデメリットが存在しているかもしれません。デメリット（コインの裏側）を拒否したままコインを手に入れることはできません。でも、あなたがデメリットだと考えていることは、もしかすると、まったくの幻想かもしれません。真実かどうか確かめてみると、おもしろいことが起きますよ。

❷ 幸せの先送りをやめて、今すぐ幸せになる

私たちは本能的に「もっと幸せになりたい」という願望を持ってい

ます。ですから、何か成しとげたり手に入れたりしても、またすぐに他のものを求めています（毎年新しいバッグが欲しくなるのはそのせいです）。望みがかなった状態だけを「よし」としていると、それ以外は「ダメ」という図式ができ、幸福感を味わえるのは、長い人生でごくわずかな時間になってしまいます。つまり、私たちが人生で幸福感をたくさん味わうためには、《まだ手に入れていない私》のまま、幸せになることが大切なのです。

それを手に入れているあなたも、いないあなたも両方OK！だってそんなことに関係なく、あなたはすでに素晴らしい存在なのだから。

「ここにいていいんだよ」

我が家は2人姉弟。母は、小さい頃からできのいい弟ばかりをほめます。私はテストの点数も、体育の成績も、目立ったものではありませんでした。大好きな母にほめてもらえないことで、私は自分に自信が持てなくなっていました。

母はいつも、近所の知り合いに弟の自慢話をしていました。
「うちの子、またテストで全教科満点だったの。クラスでも一番優秀だって、先生からもほめられたみたいで…」
母が弟の自慢をするたびに、いつも私はみじめな気持ちになりました。

ある日、ちょうど大阪から遊びに来ていたおばあちゃんが、うつむいて黙っている私に、こう言いました。
「まりちゃんだって、頑張っているよね」

私は、おばあちゃんのこの言葉に何度救われたかわかりません。

「まりちゃんは、ここにいていいんだよ」

そう言ってもらえている気がしたのです。
そして大人になった今、おばあちゃんの言葉が、なぜあんなにも私の心を軽くしたのかが、わかるようになりました。
小学生だった私はいつも心のなかでこう言っていました。
「私だって頑張ってるのに」
「私、ここにいていいの？」

おばあちゃんは、私の声にならないひとり言を聞いていたかのような、優しい言葉を、いつもかけてくれました。

そして、遊びにいくたびに、「まりちゃんの好物だから」とおばあちゃん特製のちらし寿司をつくって、食べさせてくれました。

「たった一人、自分のことを見てくれている人がいるだけで、こんなに心が元気になるんだ」
おばあちゃんが私にそのことを教えてくれました。

ひとり言セラピー協会の理念のひとつに「みんな誰かのセラピスト」というものがあります。

今思うと、おばあちゃんは、私にとってのセラピストだったのです。

セラピストとしての知識や技術がなくても、

「あなたは大丈夫」「よく頑張ってる」「いつも見てるよ」

そんな気持ちを、大切な人に言葉や態度で伝えられたら、その人は立派なセラピストだと思うのです。

私にも、もうすぐ子どもが生まれます。おばあちゃんが私にしてくれたように、私も生まれてくる我が子に接したいと思います。

今日はおばあちゃんの命日。おばあちゃんの大好きだったガーベラを飾り、ちらし寿司をつくりました。まだおばあちゃんの味にはおよばないけれど、子どもと一緒に食べるのが私の夢です。

「おばあちゃん、ありがとう。私もおばあちゃんみたいになるから、見守っててね」

"真のセラピストとは、問題を解決してあげる人でなく、目の前の人の完璧な素晴らしさを見続ける人である" これはひとり言セラピー協会のセラピストの定義です。この《あり方》は、知識や技術を超えて、あなたとあなたの大切な人を幸せへとみちびきます。ママが、パパが、上司が、同僚が、先生が、友達が、近所のおばちゃんが、たった一人でも、こんなふうに自分を見ていてくれるとしたら、どんな人生になりそうですか？
セラピストは職業でなく《生き方》だと、私は考えています。この本を読んでくれているあなたは、すでに大切な誰かのセラピストのはず。大切な人を幸せにしたいなら、まずは自分に「ここにいていいんだよ。どんなあなたも愛してる」そう言ってあげましょう。幸せの順番は、いつも "自分から" ですからね。

おわりに

一人ひとりの心の平和が
世界の平和をつくる

いかがでしたか？　ご自身に当てはまる物語はありましたか？
私は以前から、人の人生を綴った本を書きたいと思っていました。な
ぜなら、人の人生って本当に、本当に、本当に美しいから！

職業柄たくさんの方と会い、それぞれが誰にも話していない話も聞
きました。歩いてきたデコボコ道、途中で失ったものや出逢った奇
跡を、一緒に泣いたり笑ったりして共有してきました。私がご縁を
いただけたすべての方の物語は、どんな宝石よりも美しい宝物です。
そんななか、大切な人との関係で心を痛めている人が多いことに私
は驚きました。誰にでもかけがえのない人がいて、お互い想いあっ
ているのに掛け違ったままなのは、本当に切なく悲しい。

この本の物語を通じて「どんなあなたも愛してる」というメッセージが必要な方に伝わっていき、ないと思って探していた自分の居場所が、実はもうあることに気づいてくれたら嬉しいです。

私は、ひとり言セラピーをはじめたときから「一人一人の心の平和が世界の平和をつくる」と信じて活動しています。でも、それ以前の私は「ギスギスした女」と呼ばれていました。おもしろいことに、私がギスギスしていると、子どもたちのケンカも絶えませんでした。でも私が自分のひとり言に注目して、自分の幸せに責任を持ち、自分の心を平和にしたら、自然と兄弟ゲンカもなくなったんです。

私には、戦争や悲しい事件を直接止める力はありません。でも、目の前の人の心の平和のお手伝いはできます。一人の心が平和になれば、そのまわりの人の心も平和になります。今日もどこかで、そうやって平和のバトンが、〝ちっぽけな自分の心の安らぎ〟からはじまることを願いつつ、本書を書き終えたいと思います。

最後に、私が願いどおりの本を書けたのは、これまでかかわってくださったすべての方のおかげです。なかには私の未熟さゆえ、つらい思いや不快な思いをされた方もいると思います。
そのような私が本を書くなど、お恥ずかしい限りですが、私自身の弱い部分も含めて、誰かの勇気になればと思い、書き進めました。この場をお借りして、私の大切な人たちにお礼を言わせてください。
ありがとう。どんなあなたも愛しています。

2016年春　あな田さゆり

【著者紹介】

あな田　さゆり（あなだ・さゆり）

●──一般社団法人ひとり言セラピー協会代表理事。元キャビンアテンダント。結婚退職後、子どものアトピーをきっかけに自然療法、各種セラピー、心理学、スピリチュアルなどに興味を持ち、学びはじめる。

●──離婚後、収入ゼロ・人脈ゼロの専業主婦からセラピストとして起業するもうまくいかず、頑張っても報われないドン底の日々を経験する。そんななか、幸せな成功者とそうでない人（自分）の違いは、運や才能ではなく、自分自身との対話、つまり「ひとり言」の質にあると気づく。そこで、当時運営していたサロンを閉め、自分の「ひとり言」と向き合い、書きかえることに専念する。

●──「ひとり言」と向き合いはじめて半年が経った頃から、仕事、人間関係、お金、健康など、現実が劇的に変化し、あっという間に全国各地からクライアントが訪れる人気セラピストとなり、10年間でのべ１万人と対話を重ねる。

●──2013年３月に一般社団法人ひとり言セラピー協会を設立。現在は、講座や個人セラピー、ブログなどを通じて「自分の生きたい人生を自由に生きるためのひとり言の使い方」を伝えている。Facebookページの「いいね！」数は１万4000を超え、絶大な信頼を得ている。

ひとり言セラピー協会HP　http://hitorigototherapy.com/

読むだけで人生が変わる ひとり言セラピー　〈検印廃止〉

2016年４月11日　　第１刷発行

著　者──あな田　さゆり
発行者──齊藤　龍男
発行所──株式会社かんき出版
　　　　　東京都千代田区麹町4-1-4 西脇ビル　〒102-0083
　　　　　電話　営業部：03(3262)8011代　編集部：03(3262)8012代
　　　　　FAX　03(3234)4421　　　　振替　00100-2-62304
　　　　　http://www.kanki-pub.co.jp/
印刷所──シナノ書籍印刷株式会社